El español colonial usa pronombres generizados para los objetos y la gente. Este libro usa el español género-neutro en referencia a las personas. El libro remplaza la "o" masculina o la "a" femenina por la "e" inclusiva. Aunque la "e" inclusiva es nueva para algunes, esta ha sido usada por gente latine y queer por décadas para romper con el español patriarcal y cis-normativo.

Los primeros mensajes que recibimos sobre el género suceden en la infancia. Desde una edad temprana, aprendemos que el género es una categoría social importante. Hay cosas que debemos o no debemos hacer, querer o ser basadas en el género y sexo que nos asignaron al nacer. Mucho ha cambiado en nuestras vidas, ¡gracias al trabajo incansable de activistas y organizadores feministas de todos los géneros! Pero esos mensajes siguen existiendo y les niñes necesitan el apoyo de personas adultas de confianza en sus vidas para hacer sentido de lo que ven, escuchan y sienten. Este libro es un buen lugar para empezar o continuar esa conversación. Está bien tomar un descanso, omitir algo por ahora o tejer este contenido con sus propias historias.

—Megan y Jessica

Megan Pamela Ruth Madison,
ella

Entrenadora del Centro por la
Justicia Racial en la Educación

Jessica Ralli,
ella

Coordinadora de Programas
para la Primera Infancia de la
Biblioteca Pública de Brooklyn

Anne/Andy Passchier,
elles

Ilustradore y creadore
de cómics web

SIENDO TÚ

UNA **PRIMERA CONVERSACIÓN**™ SOBRE **GÉNERO**

TEXTO DE
**MEGAN MADISON
& JESSICA RALLI**

ARTE DE
ANNE/ANDY PASSCHIER

TRADUCCIÓN DE
CRISTINA NUÑEZ

RISE
NEW YORK

Solo hay un tú en todo el mundo.
¿No es maravilloso?

Tienes un cuerpo. Todes lo tienen.

¿Qué es lo que amas de tu cuerpo?

Diferentes cuerpos tienen diferentes partes.

¡Codos!

¡Narices!

¡Ombligos!

Hay cuerpos que tienen una vagina.

Hay cuerpos que tienen un pene.

Las partes de cada persona se ven diferentes.

¡Pero hay ciertas partes que todes tenemos!

Cuando nace un bebé, las personas adultas pueden decir "es una niña" si su cuerpo tiene una vagina, o "es un niño" si su cuerpo tiene un pene. A veces no están seguros del género del bebé, pero escogen las palabras "niña" o "niño" de todas maneras.

¿Cómo te llamaban tus personas
adultas cuando naciste?

Hay bebés que se desarrollan en un género diferente al cual les llamaron sus personas adultas. La gente se desarrolla en muchos géneros diferentes.

Hay personas que son niñas. Hay personas que son niños. Hay personas que no son ninguno de los dos géneros. Hay personas que son ambos.

¿Cuáles son los géneros que conoces?

Está bien preguntarte:
¿Soy una niña? ¿Soy un niño?
¿Soy ambos?
¿Soy ninguno de los dos?

¡A lo mejor ya sabes!
No existe una respuesta
correcta o incorrecta. Y está
bien si tu respuesta cambia.

¿Qué te preguntas sobre ti misme?
¿Qué es lo que sabes?

Sean cuales sean tus sentimientos,
son reales e importantes.
Tú eres le experte en ser TÚ.

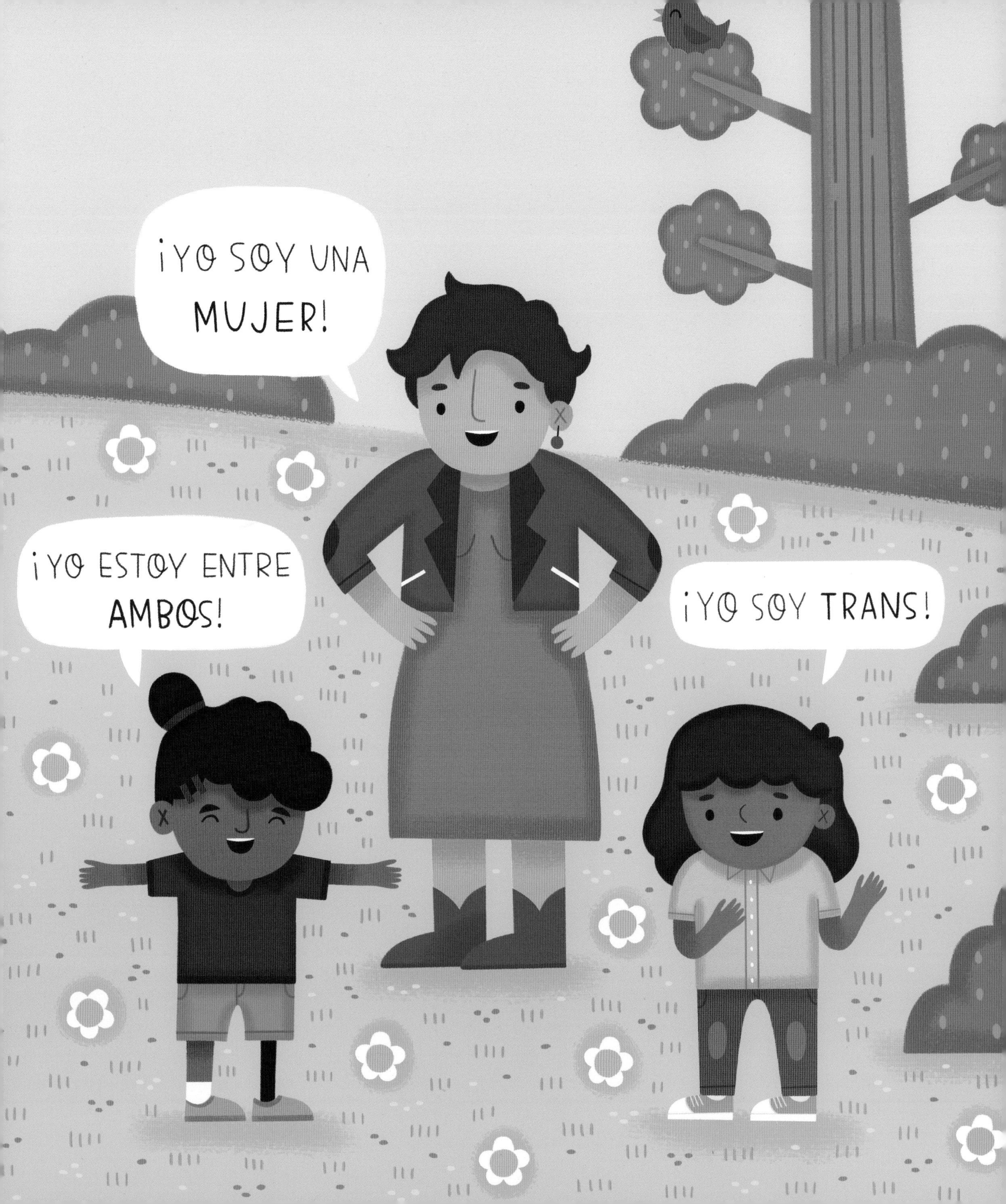
¡YO SOY UNA MUJER!
¡YO ESTOY ENTRE AMBOS!
¡YO SOY TRANS!

Los pronombres son palabras que la gente usa para hablar sobre alguien en lugar del nombre de esa persona, como *elle*, *ella* o *él*. Ciertas palabras se pueden sentir más apropiadas que otras.

¿Cuáles son tus pronombres?

Existen muchas maneras de enseñarle al mundo quién eres, y todas son maravillosas. ¡Hay tantos juguetes, ropa, peinados y colores para elegir!

**Tú sabes lo que te gusta
porque te hace sentir feliz
y cómode en tu cuerpo.**

¿Cuál es tu color favorito?
¿De qué te gusta disfrazarte?

A lo mejor has escuchado alguien decir: "eso es solo para niños" o "eso es solo para niñas."

¿Te han escogido juguetes o ropa que no te hicieron sentir feliz o cómode en tu cuerpo?

¿Cómo te sentiste?

GEORGE WASHINGTON

JOHN ADAMS

THOMAS JEFFERSON

JAMES BUCHANAN

ABRAHAM LINCOLN

ANDREW JOHNSON

WILLIAM H. TAFT

WOODROW WILSON

HERBERT HOOVER

FRANKLIN D. ROOSEVELT

GERALD R. FORD

JIMMY CARTER

RONALD REAGAN

Por mucho tiempo, mucha gente ha dicho y creído cosas falsas:

"Tú solo puedes ser un niño o una niña, nada más" o "Los niños son más fuertes e inteligentes que todes les demás." Por cierto, hay muchas reglas injustas que le dan más poder a niños que a niñas y niñes.

 JOHN QUINCY ADAMS

 ANDREW JACKSON

 ZACHARY TAYLOR

 FRANKLIN PIERCE

 JAMES A. GARFIELD

 CHESTER A. ARTHUR

 GROVER CLEVELAND

 THEODORE ROOSEVELT

 HARRY S. TRUMAN

 DWIGHT D. EISENHOWER

 JOHN F. KENNEDY

 RICHARD M. NIXON

 GEORGE H. W. BUSH

 BILL CLINTON

 GEORGE W. BUSH

BARACK OBAMA

¿Has notado algunas reglas injustas sobre el género?

Afortunadamente, hay muchas personas adultas y niñes valientes que dicen: "¡No! ¡Eso no es cierto y eso no es justo!"

Las personas que trabajan juntas para cambiar las reglas injustas sobre el género son feministas.

¿Quiénes son feministas en tu familia?

Podemos practicar siendo feministas notando las cosas injustas que hace la gente

y trabajando unides para crear más justicia.

Las cosas que decimos y hacemos importan y pueden crear un mundo mejor para todes.

¿Cuáles injusticias son evidentes para ti?
¿Qué puedes decir o hacer al respecto?

**Queremos que el mundo sea más justo,
porque cada persona vale, tal cual como es.**

Ser nosotros, nosotras o nosotres mismes hace que el mundo sea hermoso.

LAS PARTES DEL CUERPO

Les niñes están conociendo sus propios cuerpos y tienen curiosidad sobre los cuerpos de los demás. ¡Nuestros cuerpos son increíbles! Ayudar a niñes a aprender los nombres anatómicos de las diferentes partes del cuerpo —incluyendo los genitales— empodera a les niñes, fomenta su autoestima y ayuda abrir conversaciones importantes sobre la salud e identidad. Hablen sobre los genitales cuando nombres otras partes del cuerpo, canten una canción sobre las partes del cuerpo o mientras jueguen con muñeques.

LA ASIGNACIÓN DEL GÉNERO

Un profesional medico asigna un género y un sexo a la mayoría de nosotres (varón o hembra), ¡frecuentemente antes de que nazcamos! Esta asignación puede o no puede corresponder con el género con el que nos identificamos. Empezar esta conversación a una edad temprana le da más espacio a niñes para hablar sobre las suposiciones que hicimos sobre sus cuerpos cuando eran bebes. ¡Haz preguntas! Tan pronto como su hije sepa las palabras "niño" y "niña" es posible que ya tenga nociones sobre el género.

BINARISMO DE GÉNERO

En muchas culturas Occidentales, hay una creencia dominante que solo existen dos géneros y esos dos géneros deberían coincidir con una colección de expectativas sociales de lo que deberían ser, hacer y preferir les niñes. Este sistema binario nos daña a todes— aún más a quienes no caben dentro de las categorías rígidas de este sistema binario. También daña a la gente que se siente cómoda identificándose como una niña o un niño, pero desean más flexibilidad para expresar su género. Usando lenguaje inclusivo en casa o en el aula es una manera de no perpetuar el binarismo de género. En vez de "niños y niñas" puedes llamarle a un grupo de niñes "amigues" o "todes."

ESTEREOTIPOS DE GÉNERO

Nuestra sociedad está repleta de estereotipos de género. Les niñes los absorben desde temprana edad. Las niñas deberían vestirse de rosa y los niños deberían jugar con carros, por ejemplo. Una de las cosas que podemos hacer para apoyar la justicia de género es identificar esos estereotipos cuando los encontramos en libros, los medios de comunicación y las rutinas familiares. Podemos platicarlos junto a les niñes, nombrándolos como injustos y falsos. ¡Inténtalo la próxima vez que compren juguetes!

LOS PRONOMBRES DE GÉNERO

Compartir nuestros pronombres de género es una manera de no adivinar el género de los demás. Es un paso simple que podemos tomar para respetar como se identifican todes en nuestra comunidad. Si eres nuevo/a/e en esto, puede sentirse incómodo al principio, pero ¡no te preocupes!, es mucho más fácil con un poco de práctica. Les niñes tienden a adoptar la práctica rápidamente, y como personas adultas podemos seguir su liderazgo.

LA EXPRESIÓN DE GÉNERO Y EL JUEGO

¿Qué significa que le guste vestirse como princesa a mi hijo? Muchas personas creen que las decisiones del vestuario de niñes y el juego son indicaciones tempranas que su hije pueda ser LGBTQ+. Pero usualmente eso no es el caso. ¡Si las preferencias de les niñes fueran indicantes sobre su vida adulta, tendríamos a más dinosaurios y superhéroes como colegas y amigues! El juego dramático es una parte importante y natural del desarrollo de un niñe. Nosotros queremos crear un espacio donde les niñes puedan jugar, explorar y expresarse sin las restricciones rígidas y dañinas que las reglas sociales imponen. Dar varias opciones para jugar y disfrazarse. Queremos impulsar a les niñes a explorar sus opciones abiertamente y cuestionar las normas de género que posiblemente ya estén interiorizando. Mantente en el presente y no analices sus comportamientos por medio de futuras identidades que no existen. Si llegan a adoptar identidades LGBTQ+, ¡puedes mantenerte en el presente y apoyarles!

EL FEMINISMO

¿Quién se considera feminista? ¿Qué hace alguien que es feminista? Es probable que las respuestas a estas preguntas hayan cambiado en el transcurso de tu vida. El feminismo es un compromiso y una práctica por la justicia de género. Es un viaje constante y continuo que incluye la colaboración de todes para desmantelar al patriarcado, y así crear un mundo donde personas de todos los géneros puedan vivir vidas llenas y libres. Tú puedes adoptar el feminismo en tu familia a través de muchas actividades, desde unirte a una organización comunitaria que luche por cambiar políticas machista o hasta las pláticas de sobremesa en dónde reflexionen sobre las identidades de género. No te olvides que el feminismo es interseccional y apoya a la gente transgénero. Las mujeres trans son mujeres. Desmantelar al patriarcado para lograr justicia de género requiere de un compromiso constante para combatir el racismo, el capitalismo, el binarismo de género y todas las otras formas de opresión.

EL PATRIARCADO

JAMES A. GARFIELD   CHESTER A. ARTHUR

HARRY S. TRUMAN

GEORGE H. W. BUSH   BILL CLINTON

El patriarcado puede parecer como una palabra muy avanzada para niñes de corta edad, pero también lo es la palabra Tiranosaurio. La verdad es que dándole palabras a sistemas opresivos puede empoderar a niñes de corta edad. Necesitamos que les niñes sepan que no hay nada natural, inevitable o justo en las dinámicas sociales que posicionan a los hombres, los niños y la masculinidad por encima de todo lo asociado con las mujeres, las niñas y la feminidad. Les niñes observan nuestras maneras sutiles de perpetuar el patriarcado, aun cuando estamos intentando ser genero-neutral. Como cuando presionamos a las niñas a usar pantalones o no permitimos que nadie se disfrace de princesa. Podemos apoyar y animar a les niñes para desafiar los estereotipos de género y valorar la feminidad al mismo tiempo. ¡Todes a pintarse las uñas! Visiten nuestro sitio web para aprender más sobre la historia de estos sistemas y cómo se manifiestan en el mundo de hoy.

EL ACTIVISMO Y EL EMPODERAMIENTO

Les niñes aprenden al observar tus acciones más de lo que dicen tus creencias. El patriarcado, el cissexismo, la transfobia, la homofobia y el binarismo de género están integrados en la cultura de los Estados Unidos y tienen manifestaciones por todo el mundo. Para desmantelar estos sistemas, necesitamos participar constantemente en los movimientos de justicia de género. ¡Hay muchas maneras para involucrarnos! Generen ideas juntos y empiecen con acciones pequeñas en su comunidad.

¡En FirstConversations.com podrá encontrar lo último en información, apoyo e ideas!